目 录

一、消费者要学会做选择　　1

二、如何做一个聪明的消费者　　11

三、消费者有时需要借钱　　18

四、消费者要学会理财　　25

五、需求和供给共同决定了价格　　32

一、消费者要学会做选择

 写作

❶ 选择任意一种行业中的企业,比如生产电脑的企业。用下面的词汇写一段话,说明该企业是如何使用生产资源的。

生产资源　土地　劳动力　资本资源　企业家精神
技术　稀缺性　生产率

❷ 仍以上述企业为例,使用下面的词汇写一段话,说明经济学家是如何使用经济模型帮助企业进行权衡取舍的。

经济模型　生产可能性曲线　假设
权衡取舍　机会成本

 选择填空

a. 利用   b. 关注   c. 替代   d. 揭示   e. 研究   f. 理论   g. 复杂

❶ 经济学家使用经济模型_____新技术是如何影响某一特定行业的生产率的。

❷ 权衡取舍的机会成本是指放弃的_____方案中最好方案的价值。

❸ 经济方面的选择有的简单,有的_____。

❹ 消费者在做购买决策的时候,会_____性价比更高的东西。

❺ 经济学_____的是人们如何使用有限的资源尽可能地满足其无限的欲望。

❻ 经济学家使用经济模型创建关于经济的_____。

❼ 不同的社会可能使用不同的方式来_____相同的资源。

 回答问题

❶ 什么是机会成本?

❷ 为什么"如何使用有限的资源尽可能地满足人们无限的欲望"是经济学研究的基本问题？

❸ "稀缺"和"短缺"有什么不同？

❹ 完成下面的表格，列出四种生产要素，每种生产要素举一个例子。

生产要素	例子

❺ 在权衡取舍时你需要做些什么?

❻ 生产可能性曲线体现了什么?

❼ 经济学家构建经济模型的目的是什么?

❽ 经济学家和其他科学家所做的有根据的猜测叫什么?

❾ 经济模型为什么不可能和现实世界一模一样?

 批判性思考

❶ 如果你的朋友说:"我需要一件新衣服。"在什么情况下,他表达的是"需要"?在什么情况下,他表达的是"想要"?

❷ 回忆一下你曾做过的一个选择,为了做这个选择,你放弃了什么?想想某个国家曾做过的一个选择,为了做这个选择,该国放弃了什么?

❸ 政府承诺增加太空计划和教育项目的开支。作为一名公民,学习了机会成本后,你会向政府提出什么问题?

❹ 稀缺性是客观存在的,没人能改变这一事实。试想如果稀缺性不存在,你的生活会有什么不同?

学以致用

❶ 看看下面列出的几种消费品,它们中哪些是我们"想要"的?哪些是我们"需要"的?并解释原因。

消费品	"想要"还是"需要"?	原因
食物		
小汽车		
年度体检		
手机		

❷ 每次买东西你都会为经济做贡献。列举三件你最近购买的东西，然后分别列举从你的购买中受益的企业。

❸ 某人选择买一双鞋，而不是一件新夹克。这里的新夹克可以代表哪个经济学名词？

❹ 个人、家庭、企业都要进行权衡取舍，在下表中写出相应决策的机会成本。

	决策	机会成本
个人	周末去郊游	
家庭	买一辆新车	
企业	新建办公楼	

5 一位超市老板决定扩大超市规模，计划在隔壁小镇新开一家店。但是他很难同时监管两家店的员工。分别用下面的概念解释这种情况。

权衡取舍　机会成本　生产可能性曲线　稀缺性

 经济学中的数学

下面的生产可能性曲线显示了在一定情况下桌子和书架之间的各种生产组合。根据该生产可能性曲线回答以下问题。

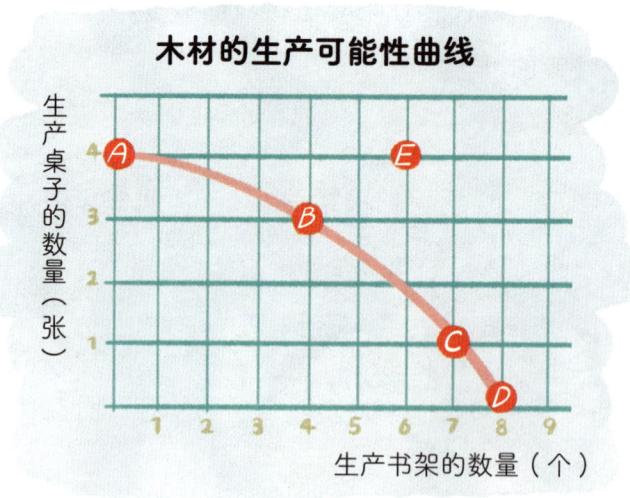

① 生产 7 个书架的机会成本是什么?

② 从 B 点移动到 C 点会有哪些变化?

③ 如果木匠生病休息了几天,或者木材运输延迟了,生产可能性曲线会发生哪些变化?为什么?

④ E 点表示一种不可能的情况。也就是说,木匠不可能同时生产出 6 个书架和 4 张桌子,为什么?

📋 情景分析

想象以下场景,小明的爸爸妈妈在讨论是购买汽油车还是新能源车。爸爸认为汽油车加油方便,而妈妈则认为新能源车一年能省不少钱。

❶ 从经济学的角度看,小明的爸爸妈妈讨论的内容是关于什么的?

❷ 你认为在什么情况下应该购买汽油车?

❸ 你认为在什么情况下应该购买新能源车?

二、如何做一个聪明的消费者

 写作

假设你为别人辅导功课赚了 100 元,你决定花掉它而不是存起来。使用下面的词汇写一段话,解释哪些因素有助于你在花钱时做出决策。

> 消费者　可支配收入　可自由支配收入　理性选择
> 货比三家　保修

 选择填空

> a. 地区　b. 感知　c. 原则　d. 精确　e. 假设

❶ 在一个国家内,一个_____的工资水平可能高于其他地方。

11

❷ 消费者可以通过遵循简单的＿＿＿＿＿＿或规则，进行更明智的消费。

❸ 消费者需要依据＿＿＿＿＿＿的信息来做出明智的购买决策。

❹ 广告旨在改变买方＿＿＿＿＿＿产品的方式。

❺ 买方不应该＿＿＿＿＿＿广告是精确且公平的。

回答问题

❶ 用可支配收入优先购买的东西属于什么类型？

❷ 可支配收入和可自由支配收入的区别有哪些？

❸ 哪些因素会影响一个人赚钱的能力？

❹ 你怎么理解消费者的理性选择？

❺ 3个重要的购买原则是什么？

❻ 买东西前你会花多长时间来收集信息？买不同的东西收集信息的时间一样吗？为什么？

❼ 你知道哪些消费者的权利和义务？填到下面的表格里。

消费者权利	消费者义务

8 谁能保护消费者的权利?

 批判性思考

有些人认为企业会占他们的便宜。假设你有一家企业,请代表企业给相关媒体写一封信,解释为什么你的企业不会占客户的便宜。

 学以致用

1 阅读下面的广告,回答后面的问题。

> 神奇健身水:医生们都说多喝水对运动来说十分重要。为了保持健康,成人平均每天至少需要喝 1.9 升水。神奇健康水,拥有独特配方,人体容易吸收,助你完成高效锻炼。

该广告的目标受众是谁？你是怎么知道的？

2. 朱琳是一名高中生，她想花 2000 元购买电子产品。她可以选择买一台用于娱乐的平板电脑，也可以选择买一台用来写作业的二手笔记本电脑。在考虑机会成本的情况下，她想做出理性的购买决策。

a. 朱琳在决定买哪种产品的时候，需要遵循哪些步骤？

b. 如果朱琳选择购买平板电脑，她的机会成本是什么？

c. 假设你就是朱琳,根据做购买决策的步骤,使用下面这样的图表来记录每一步你所发现的信息。最后写下你的决定,并解释原因。

购买平板电脑还是二手笔记本电脑?	
第一步:	信息:
第二步:	信息:
第三步:	信息:
决定:	

❸ 选择一款你喜欢的产品,设计两则广告:第一则广告强调为什么购买这款产品是理性的选择;第二则广告强调产品的亮点,激发观众的购买欲望,即使不是理性选择也没关系。

❹ 设想一种你要购买的东西。准备一个要向商家陈述的观点,以获得比广告上更优惠的价格。你可以使用互联网

查询其他商家的价格、保修、品牌等信息。最后记录并写下你要对商家说的话。

5. 假设一个地区的居民对当地企业造成的水污染感到不安，他们想要解决这个问题，可以使用哪些方法？

三、消费者有时需要借钱

 写作

使用下面的词汇写一两段话，解释一下什么是"借款"和"信用卡"。

借款　本金　利息　信用卡　利率

 选择填空

a. 巨大　b. 期限　c. 购买　d. 集中

1. 消费者要在一定_____内归还借款。
2. 借款人应该_____资金优先归还利率最高的那笔借款。
3. 消费者通过借款能_____到本来可能买不起的商品。
4. 美国消费者借款的总金额非常_____。

 回答问题

❶ 你在决定是否使用借款的时候,应该考虑哪些因素?

❷ 你借了款,需要支付什么?

❸ 人们为什么会使用借款?

❹ 借款人应该履行哪些义务?

5 借款人不履行义务会导致哪些后果?

批判性思考

1 为什么有些人会被借款压垮?

2 银行为什么希望借给人们资金?

3 借款到期时,如果不归还借款会产生什么后果?

❹ 购买东西可以使用现金，也可以使用信用卡。这两种支付方式的优点和缺点分别是什么？

学以致用

假设你是一位小小经济学家，你来指导同学们如何安全且明智地使用信用卡。写一段关于"信用卡的优势和劣势"的文字。

 **经济学中的数学**

❶ 假设你借款 50000 元买了一辆二手车，借款的年利率是 11%，到期一次还本付息。两年后，你总共需要归还多少钱？

❷ 假设你的信用卡在消费了 10000 元后被停止使用。该信用卡的年利率为 15%，你每个月只能还 500 元。回答以下关于信用卡的问题。

a. 两年后还清信用卡时，你总共还了约 11580 元。比最初的 10000 元多出来的这些钱是什么？你为什么要付多出来的这些钱？

b. 如果不用付利息，多长时间可以还清欠款？

3 研究下面 2 张信用卡的规则和条件，回答后面的问题。

信用卡一

★ 刷卡年利率：前 6 个月 0%，6 个月后 14.99%

★ 其他年利率：提现 19.99%

★ 年费：50 元

★ 其他费用：提现费 3%，延迟还款费 25 元，超额费 25 元

信用卡二

★ 刷卡年利率：9.99%

★ 其他年利率：提现 19.99%

★ 年费：0

★ 其他费用：每月维护费 10.95 元，延迟还款费 30 元，超额费 50 元

a. 为什么要尽量避免信用卡提现？

b. 信用卡一前 6 个月的年利率为什么是 0%？

c. 哪张信用卡的每年总固定费用更高？

d. 你认为哪张信用卡相对更划算？为什么？

四、消费者要学会理财

 写作

使用下面的词汇写一两段话。假设你有1万元,说明你可以选择的储蓄和投资方式。

储蓄 利息 活期存款 定期存款 股票 债券 基金

 选择填空

a. 需要 b. 部分 c. 总体

① 储蓄有助于人们为一些消费做准备,这些消费_____比平时更多的资金。

❷ 拥有多种类型的储蓄和投资可以从_____上降低人们的风险。

❸ 为了将来的生活，把每个月的_____收入存起来是个好主意。

 回答问题

❶ "储蓄账户的利息"指什么？银行为什么要支付利息？

❷ 活期存款和定期存款的主要区别有哪些？

❸ 股票和债券的主要区别有哪些？

❹ 为什么股票的风险比债券大？

❺ 哪种机构会雇一些专业人员集中管理投资者的资金？

❻ 在决定把收入中的多大比例用于储蓄时，应该考虑哪些问题？

 批判性思考

❶ 假设你有 10 万元，创建一个表格，列出你可以进行的投资类型，以及为每种投资类型分配的金额，然后解释你是如何实现投资多元化的。

❷ 如果你有 1 万元，列出五种你可以进行的投资，分别按照潜在风险由高到低和回报由高到低的顺序对这些投资进行排序。

 学以致用

❶ 试想，你已经离开了学校，开始工作和存钱。你想尽量不使用信用卡，也尽量不借款。因此，你要为将来的一些开支制订储蓄计划。

a. 列出短期储蓄目标，比如你要攒钱买一台笔记本电脑。说明在这种情况下，你可以使用的储蓄方式。

b. 列出长期储蓄目标，比如你要攒钱买一辆小轿车。说明在这种情况下，你可以使用的储蓄方式。

c. 上面这两种储蓄方式的主要区别是什么？

d. 对于购买大件物品或大额支出，你认为是使用储蓄更好，还是使用信用卡或借款更好？

❷ 在互联网上查找证券交易所的股票报价列表。分析报价，假设你有可用资金，从列表中选择一只你想要购买的股票。你为什么要选这只股票？

 **经济学中的数学**

❶ 如果你把 1000 元存入银行,假设每个月有 0.2% 的单利,你一年可以赚多少钱?

❷ 如果你的信用卡有 1000 元的负债,假设每个月有 0.5% 的单利,你一年要还多少利息?

 情景分析

想象以下场景,有两个人正在聊天。

> 甲:报纸上说 8 月份消费者的信心又下降了。
> 乙:如果消费者还不愿意消费,经济复苏就更难了。
> 甲:那我去买一些东西,为经济做点贡献。
> 乙:我这个月也少存点钱,多买点东西。

❶ 消费者信心下降会带来哪些影响?

❷ 消费者的支出和储蓄之间存在什么样的关系?

五、需求和供给共同决定了价格

写作

❶ 使用下面的词汇，写一段关于需求的文字。

> 需求原理　需求量　边际效用递减规律　需求曲线
> 需求价格弹性

❷ 使用下面的词汇，写一段关于供给的文字。

> 供给原理　供给量　供给曲线　短缺　均衡价格　过剩

选择填空

> a. 分析　b. 动机　c. 替代　d. 增加　e. 图表　f. 假设
> g. 概念　h. 消除　i. 特定

1. 选择是一个基本的经济学_____。
2. 市场经济中的生产者和消费者都_____市场会自我调节。
3. 需求表显示了商品或服务在_____价格上的需求量。
4. 做生意需要仔细_____你的商品或服务所在的市场。
5. 如果政府_____税款，企业会因为生产成本上升而减少各个价位的商品的供给。
6. 在供给方面，商品价格越高，生产商生产更多商品的_____就会越强。
7. 如果你钟爱的饮料价格上涨，你可能会选择购买_____产品。
8. 市场如果存在过剩，价格向均衡价格靠拢会_____过剩。
9. 需求表用_____的形式显示关于价格和需求量的数据。

回答问题

1. 需求和需求量之间的区别是什么？

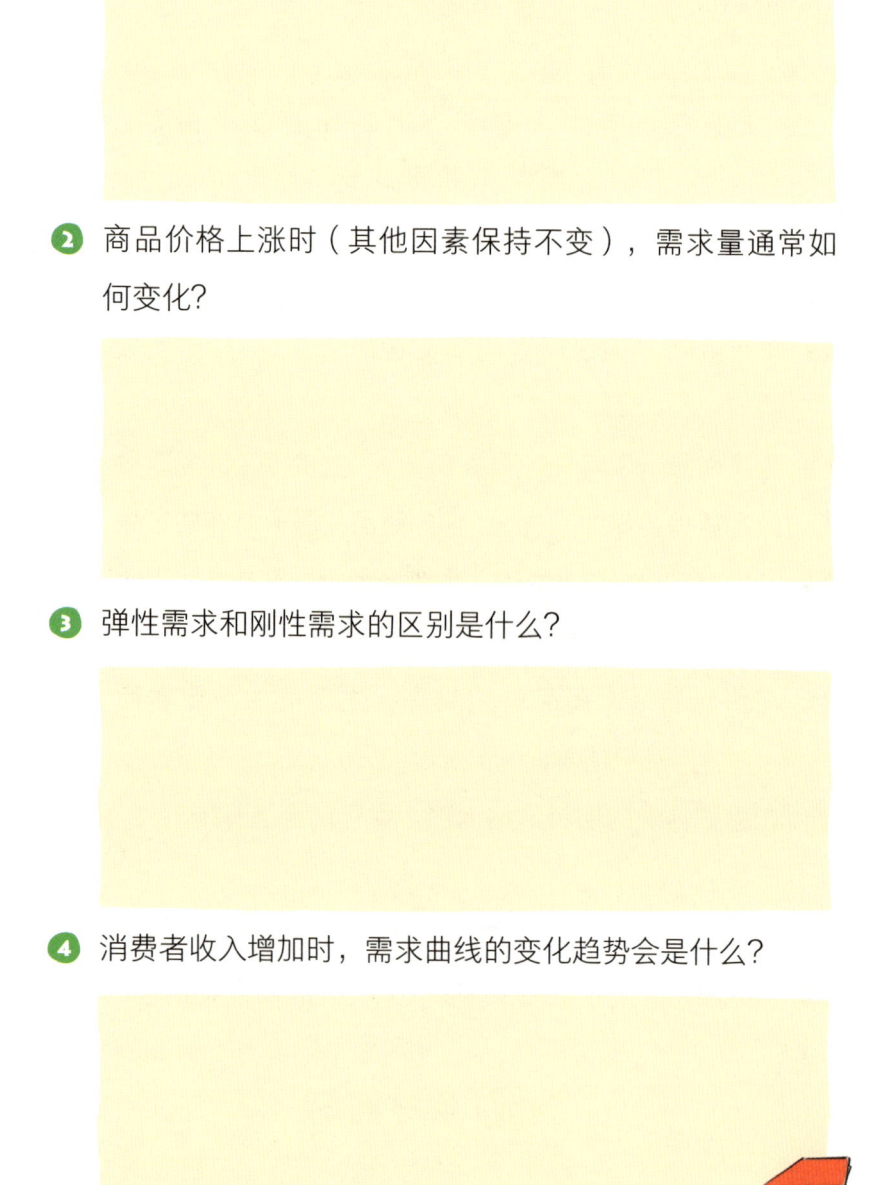

❷ 商品价格上涨时（其他因素保持不变），需求量通常如何变化？

❸ 弹性需求和刚性需求的区别是什么？

❹ 消费者收入增加时，需求曲线的变化趋势会是什么？

❺ 商品价格上涨时，生产者会增加生产量还是减少生产量？为什么？

❻ 税收增加时，供给曲线的位置会如何变化？

❼ 如果产品价格高于均衡价格，会出现什么样的情况？

❽ 如何确定均衡价格？

❾ 列出生产者和消费者分别在产品过剩和产品短缺期间的行为，完成下面的表格。

	生产者	消费者
产品过剩		
产品短缺		

 批判性思考

❶ 如果可口可乐突然提高价格，人们对百事可乐的需求会发生哪些变化？为什么？

❷ 专业体育赛事门票短缺会如何影响门票价格？

❸ 你从边际效用递减规律中学到了什么？根据自身经验，举三个例子说明这条规律。

❹ 有一些东西的价格很少改变，而有一些东西的价格则一直在变化，甚至每天都会变化。哪些产品的价格变化缓慢？哪些产品的价格变化很快？为什么会出现这种情况？

❺ 如果比萨市场受到以下因素的影响，比萨的需求曲线会如何变化？

> 1. 消费者工资上涨；2. 成功的比萨广告；3. 汉堡价格下降。

❻ 你如何看待平衡车的需求价格弹性和糖尿病患者用的胰岛素的需求价格弹性？为什么？

学以致用

❶ 假设你有一份月薪为 2000 元的兼职工作。做一个预算，列出你在食品、服装、交通、娱乐等方面的支出。如果地铁票价上涨 1 元，你的预算会受到什么影响？如果电影票价格上涨 1 元，你的预算会受到什么影响？

❷ 汽油的需求是富有弹性的还是缺乏弹性的？为什么？

 **经济学中的数学**

南希是一家小咖啡馆的老板,她正在为新款三明治设定价格。她想找到均衡价格,因此收集了在不同价格下售出的三明治数量。使用以下信息,绘制供给曲线和需求曲线,并确定新款三明治的均衡价格。

三明治的需求和供给表

价格(元)	需求量(个)	供给量(个)
9.5	1	8
9.0	2	7
8.5	3	6
8.0	4	5
7.5	5	4
7.0	6	3
6.5	7	2
6.0	8	1

 **情景分析**

想象以下场景,两个小朋友在讨论周末的行程。

> 甲:这个周末咱们去看电影《汪汪队立大功》吧!
> 乙:这部电影的票价比其他电影贵 5 元呢!
> 甲:那咱们还是去书店看书吧!

❶ 为什么后来这两个小朋友不想去看电影了?

❷ 如果很多人都觉得这部电影的票价贵了,电影院对此最可能做出的反应会是什么?